Pour Laetitia,
avec toute mon affection…
T. C.

Pour Manda –
que tous tes Noëls soient joyeux.
S. M.

L'édition originale de cet ouvrage a été publiée en 2019
en Grande-Bretagne par Nosy Crow Limited sous le titre : *Mouse's Night Before Christmas*

This translation of *Mouse's Night Before Christmas*
is published by arrangement with Nosy Crow Limited,
The Crow's Nest, 14 Baden Place, Crosby Row, London SE1 1YW
www.nosycrow.com

Pour l'édition française :

Dépôt légal : octobre 2022
ISBN : 9782080279286
Imprimé en République Tchèque par PB Tisk – août 2022
Éditions Flammarion (n° L.01EJDN002154.N001 / 434035-0) – 82, rue Saint-Lazare - CS 10124 - 75009 Paris
Loi n° 49-956 du 16 juillet 1949 sur les publications destinées à la jeunesse

Souriceau
et la nuit de Noël

Une histoire de Tracey Corderoy
Illustrée par Sarah Massini
Texte français de Rose-Marie Vassallo

PÈRE CASTOR

C'était la nuit de Noël.
Dans la maison, tout dormait.
Plus rien ne bougeait. Plus un bruit.
Pas même un grignotis de souris.

Pourtant... au pied de la pendule,
une petite porte s'entrouvrait
tout doucement,
laissant passer un rai de lumière...

Et bientôt, par la fente,
apparut un petit museau,
puis deux yeux qui brillaient,
et de minuscules pattes roses.

Dans la maison, tout dormait peut-être.
Mais certainement pas Souriceau !

À pas de velours, Souriceau trottina jusqu'au grand sapin.
Il était tout décoré de guirlandes et de boules dorées,
mais surtout...
– Oh, il y a déjà des cadeaux sous les branches ! s'émerveilla Souriceau.
Si seulement j'avais un ami à qui offrir des cadeaux !

Puis il leva le nez et n'en crut pas ses yeux.
– Et cette étoile, tout en haut, comme elle brille !

Souriceau avait entendu dire
que les étoiles exauçaient les vœux.
Mais était-ce bien vrai ?
Même pour un vœu de petite souris ?

Il décida de tenter sa chance.
Il grimpa en haut du sapin et,
dans l'oreille de l'étoile,
il chuchota un tout petit vœu.

C’est alors qu’un grand fracas
le fit sursauter. Ça venait du jardin !
Vite, Souriceau se précipita dehors
pour voir ce qui se passait.

Là, caché derrière un pot de fleurs,
il poussa un petit cri.
– Mais ! c'est le Père Noël. Misère, que lui arrive-t-il ?

Le Père Noël frissonnait dans sa barbe.
– Quelle bourrasque, mes bons rennes,
quelle bourrasque !
Je suis navré de vous le dire,
mais nous voilà perdus !

Au milieu des tourbillons de neige,
il s'assura que ses rennes étaient tous là.
– Tornade ? parfait. Danseur ? c'est bon.
Furie ? aussi. Fringant ? Cupidon ?
Tonnerre ? Éclair ? Comète ?
Comète... Oui, ouf !
Mais... mais qu'est-ce que je vois là ?

Le Père Noël se tut net et
se pencha en avant...

– Qui es-tu, petit ? demanda-t-il.
– M... moi ? Oh, juste une petite souris, bafouilla Souriceau.
Je, euh... bonsoir, monsieur.
– Dis-moi, reprit le Père Noël, quelqu'un a fait un vœu,
à l'instant. C'était toi ?
– Oui ! répondit Souriceau, tout heureux. Je viens d'en faire un !

Puis il réfléchit.
– Vous êtes perdu, Père Noël ?
Mais alors, les enfants ne trouveront rien sous le sapin, au réveil ?

Souriceau réfléchit encore, et il s'écria :
– J'ai une idée ! Je connais très bien le quartier.
J'y trottine souvent, vous savez, quand je me sens seul.
Je peux vous servir de guide, si vous voulez !

Pour toute réponse, le Père Noël prit Souriceau
dans ses grandes mains et le percha sur son traîneau.
Une seconde plus tard, ils volaient déjà en plein ciel !

Et dans le clair de lune, parmi les flocons de neige,
Souriceau montra le chemin au-dessus des rues de la ville.

Que c'était drôle de distribuer les cadeaux
et d'en remplir les souliers qui attendaient là,
sous les sapins !

Souriceau aidait le Père Noël en silence,
en faisant très attention à ne pas se tromper,
à ne rien froisser...
On aurait dit qu'il avait fait ça toute sa vie.

Quand le dernier cadeau fut distribué, le Père Noël dit :
– Je vais devoir te quitter, maintenant, Souriceau.
Il me tarde de rentrer chez moi pour retrouver mon lit.

Souriceau se retint de pleurer.
– Dommage, murmura-t-il. C'était si bon d'être avec vous
et avec vos rennes, comme sont des amis.

Le Père Noël regarda la neige qui étincelait sur les toits de la ville.
– Je reviendrai, promit-il. Pour Noël prochain, à la même heure.
Mais en attendant, Souriceau, tu as fait un vœu… Je ne l’ai pas oublié.

Et il tendit à Souriceau un tout petit paquet orné d’un gros nœud rouge.

Souriceau déballa son cadeau en hâte.
– Oh ! fit-il, ravi. Des patins à glace – qu'ils sont beaux !
Mais... pourquoi quatre ? Je ne vais pas patiner à quatre pattes !

Le Père Noël sourit dans sa barbe.
– J'ai ça pour toi, en plus. Regarde : c'est une carte.
Suis le chemin qu'elle indique et tu comprendras.
– Le chemin va me mener à mon vœu ? demanda Souriceau.

Le Père Noël eut un petit rire.
– Si j'étais toi, j'essaierais, pour voir.

Et dans un grand « Ho, ho, ho ! »,
il fit décoller son traîneau.
– Va vite, Souriceau !
Le matin de Noël n'est plus très loin.

Et…

L'instant d'après, l'attelage n'était qu'une traînée de lumière dans le ciel étoilé. Et Souriceau agitait sa petite patte pour un grand au revoir.

Souriceau suivit le chemin
indiqué sur la carte.

Le chemin zigzaguait
à gauche, à droite…

Ma parole, il traversait la ville entière !

Après avoir bien serpenté,
le chemin aboutit au parc,

et, pour finir, au pied d'un arbre.
Là, sur une branche enneigée,
Souriceau vit...

... un petit oiseau qui gonflait ses plumes pour se tenir chaud, et qui le regardait avec des yeux tout ronds.

– Oh ! pépia l'oiseau. Tu ne serais pas l'ami que j'ai demandé dans un vœu ?

– Un ami ? s'écria Souriceau.
Moi aussi, j'ai demandé un ami dans un vœu !

Et il brandit l'une des paires de patins.

– Joyeux Noël à toi, Oiseau !

Et voilà comment, il y a bien longtemps,
au lieu de passer la nuit de Noël tout seul
au creux d'une vieille pendule,
Souriceau la passa à patiner
dans le parc avec Oiseau.

Et tous deux tournoyèrent,
tournoyèrent sur la glace, jusqu'à
ce que le ciel sombre devienne bleu –
deux nouveaux amis unis par le même vœu...

exaucé.

Vous avez aimé cette histoire ?
Découvrez également...

Dans la même collection

n° 5 | Michka

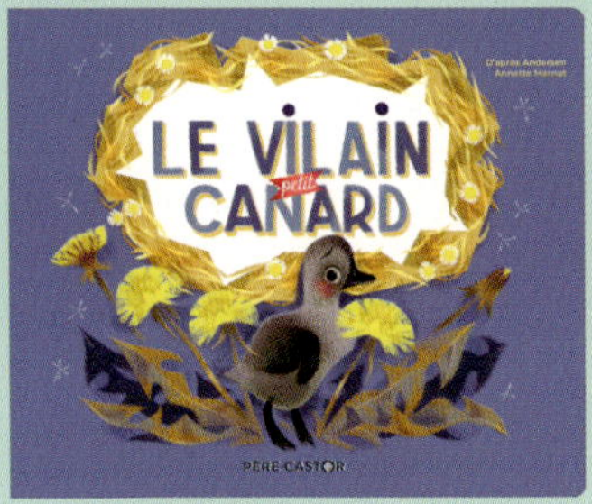

n° 17 | Le Vilain Petit Canard

n° 21 | La Moufle

n° 36 | Blanche-Neige

n° 51 | Hansel et Gretel

n° 57 | Le Petit Sapin

n° 58 | L'Ours et les trolls de la montagne

n° 77 | Dame Hiver

n° 80 | La Légende de Saint-Nicolas

Dans la même collection

n° 89 | La Fille de neige

n° 107 | Un Noël tombé du ciel

n° 146 | Bambi

n° 147 | 24 petites souris et la neige de Noël

n° 149 | 24 petites souris avant Noël

n° 182 | Une histoire d'ours et d'élans

n° 191 | Cendrillon

n° 201 | Les animaux qui cherchaient l'été

n° 203 | Kolos et les quatre voleurs